毎日の生活が楽しくなる「声の魔法」①

「声の魔法」を使ってみよう

朝日大学准教授　オノマトペ研究家　藤野良孝 著

くもん出版

はじめに

　みなさんは毎日の生活の中で「オノマトペ」を使っていますか？
　そもそも「オノマトペという言葉を知らない」という人も多いかもしれません。オノマトペは、ものが発する音や声をあらわした擬音語と、体の状態や心の中の様子をあらわした擬態語を意味する言葉です。たとえば、野球のバッターが「カキーン」とホームランを打つ、ネコが「ニャーニャー」と鳴く、うれしくて「ルンルン」する、急にイヌが飛びだしてきて「ビックリ」する、パンが「モチモチ」している、顔を洗って「スッキリ」する……、などです。

　日本語には約5000語のオノマトペがあるといわれています。日本語はほかの国の言葉にくらべてオノマトペの種類が豊富です。オノマトペの辞典まででています。上で紹介したオノマトペは、辞典にのっているオノマトペなんですよ。しかし、あまり意識されずに使われているためか、生活の中で使っていることを多くの人がわかっていないように思います。コンビニエンスストアーやスーパーのおかしコーナーをのぞいてみてください。「ポキッ」「プカプカ」「ガリガリ」などのオノマトペを使ってつけられた名前のおかしがいくつも目に飛びこんでくるはずです。「ある！　本当だ！」となると思います。このように日本人にとってオノマトペは、気がつかないほどなれ親しんだ言葉なのです。

　じつは、オノマトペには魔法のような力があるんです！　ひと言となえるだけで、みなさんのひめたる力がグイグイッと引きだされるんですよ。

使ってない?

自然にでてくるかけ声

ぞうきんをしぼるとき、しっかりとしぼりたくて「ギューッ」と声をだしたこと、あるかな？ 力を入れたいとき、自然とかけ声がでてくるよね。そんな感じたままに、口にする言葉がオノマトペ。「ギューッ」はパワーがでるオノマトペの代表なんだ。「ギューッ」の魔法で、いつも以上にパワーをだすことができるよ。

言われたことない? なんだかやる気がなくなる声の魔法

なんとなく体に力が入らなくて、ダラーッと座っているとき、「シャキッとしなさい」とおうちの人に言われたことない? 「シャキッと」なんて言われると、ダラダラしていたことを怒られているみたいで、イラッとしたり、気分が落ちこんだり、なんだかやる気がなくなるよね。

こんなオノマトペにかえたらいいね!

「シャキッ」を「ピーン」にかえてみよう。「ピーン」と聞くと自然と背筋がのびるんだ。「まっすぐ」をイメージしやすいオノマトペだから、「ピーン」と言われると、「怒られた」と思うより先にまっすぐなイメージが思いうかび、体が反応するんだよ。また、「ピ」という音は、明るくはじけるような印象があるから、前向きな気持ちになって、正しい姿勢をとることができるよ。

パート1 オノマトペってどんなもの?

パート2 オノマトペをためしてみよう

その1 ペットボトルのフタを開けよう

かたくてなかなか開かないペットボトルのフタ。開けるときに「ギューッ」と声をだしてみよう。オノマトペのパワーで、かんたんにフタが開くぞ！

ポイント

声をだすとき、ひざを軽く曲げて、おなかの中から「ギューッ」と言ってみよう。パワーを引きだすには、おなかからたくさん息を吸う腹式呼吸をおこなうといいんだ。おなかに思いっきり力を入れて、最大のパワーを発揮しよう。

みんなのくらしの中にあるオノマトペをたくさん見つけることができたね。いろいろな場面で使われているオノマトペには、それぞれにすてきな魔法がかくされているよ。オノマトペをためして、効果を感じてみよう！

その2 とびらをやさしく閉めよう

とびらを閉めるとき、うっかり大きな音をだしてしまうと、いやな感じをあたえてしまうよね。やさしくとびらを閉めたいときに、オノマトペを使ってみよう！

ポイント
とびらのとってにそっと手をそえて、「ソーッ」と言いながら閉めよう。

ダメなオノマトペ

「バタン」と声にだしながらとびらを閉めると、強く一気に閉まるイメージがしないかな？　実際に「バタン」と言いながらとびらを閉めると大きな音がでてしまう。音のイメージによって、体の動きがコントロールされるんだ。

その3　やる気スイッチを入れよう

やる気をだしたいときも、オノマトペを使ってみよう。ダラダラとした気持ちがふきとばされて、がんばろうという気持ちになるよ。

ポイント
「ヤーッ」を高めの声で、おなかの中からしぼりだすように言ってみよう。声に合わせて両腕をあげると、より効果があるよ。

ほかにもこんなオノマトペ
やる気がでるオノマトペはほかにもいろいろあるよ。「ダーッ」「シャーッ」なども同じ効果があるんだ。いろいろなオノマトペをためしてみよう。

その4　姿勢よく歩こう

歩くときに使えるオノマトペは「スタッスタッ」。声にだしながら歩くと、背筋がのびて姿勢よく歩くことができるよ。姿勢よく歩くとつかれにくいし、はやく歩けるね。

その5　気持ちのよい肩たたきをしよう

つかれている人がまわりにいたら、肩をたたいてあげよう。そんなときは、「トントン」のオノマトペを使うと、リズムが一定になって、気持ちのよい肩たたきができるよ。

パート3 オノマトペの効果と種類を知ろう

オノマトペの効果

オノマトペのもつ4つの効果とは、直接動きをスムーズにする効果、理想の動きを思いうかべることで動きをかえる効果、気持ちをコントロールする効果、動き方を忘れない効果のこと。それぞれどんなオノマトペなのか見てみよう。

効果1 直接動きをスムーズにする

おうちの人が包丁を使っているときに聞こえてくる「トントントン」という音は心地よくひびくね。気持ちよく聞こえるリズムに合わせて動くとじょうずに包丁を使えるようになるよ。オノマトペを使うことで、動きをスムーズにすることができるんだ。たとえばタマネギを切るとき「トントントントン」と言いながら切ると、声のリズムで体の動きがよくなり、じょうずにはやく切れるようになるよ。

生活の中で使うオノマトペの効果には、主に4つのタイプがあるよ。そして、オノマトペは大きく10種類に分けることができる。それぞれの効果や種類をおぼえておけば、作業をおこなうとき、声のだし方もかわってきて、うまくオノマトペを使えるようになるよ。

効果2 理想の動きを思いうかべることで動きをかえる

様子を思いうかべることで、仕上がりのイメージどおりに動くことができる。たとえば、調味料入れに入った塩をふりかけるとき、「パラパラ」「シャカシャカ」「サッサッ」と、声にだすオノマトペをかえることで、ふりかける塩の量がかわってくるよ。オノマトペで理想の結果を思いうかべられるから、思いえがいたとおりの動きができるんだ。

パラパラ

少ない量を広くふることができる。

シャカシャカ

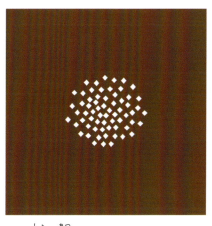

1か所に集まるようにふることができる。

サッサッ

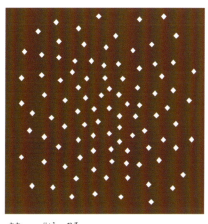

多くの量を広くふることができる。

効果3　気持ちをコントロールする

毎日の生活の中で、やる気がでないときや、いやだなと思ったときは、前向きな声をだして、気持ちを盛り上げよう。「ルンルン」「スイスイ」「ダーッ」など、そのときの気分に合った言葉を言ってみよう！　オノマトペで気持ちをコントロールすることができるよ。たとえば料理をつくるとき、なにも言わずにはじめるのではなく、「料理、ワクワクするね」と声にだしてはじめると、やる気アップ効果につながる！

ワクワク　するね！

▶ くらべてみよう ◀

「ワクワク」と「楽しみ」

「ワクワクするね」と「楽しみだね」、どちらが楽しそうかな？　「ワクワク」のほうが楽しい気持ちになるんじゃないかな？　オノマトペで気持ちをあらわすと声につられて本当にそんな気持ちになるんだ。

効果4　動き方を忘れない

細かい動きや、複雑な流れをおぼえなければいけないとき、オノマトペを使おう。動きの音を思いえがくことで、絵のように動きが頭にのこって、何度でも思いだすことができるよ。たとえば、牛乳パックを開けるときは、3つの動作が必要になる。「パーッ・クッククッ・キューッ」と声にだしながら動くと、動きの感覚をつかむことができ、動き方をおぼえられる。そして、同じオノマトペを使えば、動きをすぐに思いだし、同じ動きをすることができるんだ。

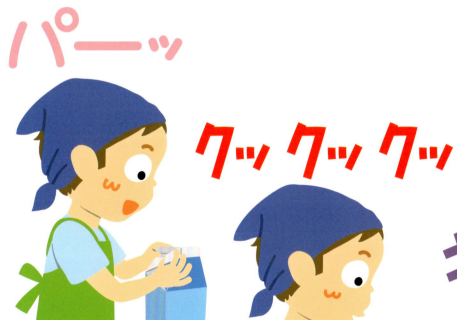

「パーッ」と牛乳パックの開け口を左右に広げる。

「クッククッ」と奥におしつけるように折り目をつける。「パーッ・クッククッ」を2回くり返す。

注ぎ口の両端をつまみ、「キューッ」と手前に引くようにして開ける。

オノマトペの要素

オノマトペは大きく分けて10の要素がある。その要素を使い分けることで、最高のパフォーマンスを引きだすことができるよ！

❋ くらしのオノマトペ　4大要素

毎日の生活で役立つ「くらしのオノマトペ」にはよく使われる4大要素がある。「イメージ」「パワー」「リズム」「スピード」だ。朝起きてから寝るまでの日常生活やお手伝いなど、いろいろな場面で役立つよ。

✿ ほかにもあるよ、オノマトペの要素

4大要素以外にも、オノマトペの要素はこんなにたくさん！ どんなときに、どんなオノマトペを使ったらいいかな？ 場面に合った、自分らしいオノマトペをさがしてみよう。

やる気アップ・不安解消

リラックス

リセット

タイミング

フォーム

集中力アップ

くらしの中の場面や動き、目的に合わせて、じょうずにオノマトペを使い分けよう。ピッタリのオノマトペを選ぶと、動きがグンとよくなるよ。合っていない声を選んでしまうと、逆効果になることがあるから、気をつけよう。オノマトペの要素を思いうかべながら声をだすと、より効果がアップするよ。

★1 イメージ

イメージ系のオノマトペは、できあがりを思いうかべることができ、失敗を防ぐ効果があるよ。じょうずな動きをイメージしながら声をだすと、自分もじょうずに動けるようになるんだ。そして、オノマトペでイメージすると、動きをおぼえたり、思いだしたりしやすくなる。複雑な動きこそ、オノマトペにしてみよう。

パラパラ

▶ こんなときに使える ▶

料理に塩をふるとき、1か所にかけてしまったことはないかな？「パラパラ」と声にだしながらふると、外に広がるイメージがうかんで、まんべんなく塩をふることができるよ。

▼ ほかにもこんなイメージ系オノマトペ ▼

そうじ機をかけるときは「スーッ」を使おう。まっすぐに続くイメージがわき、ムラなくそうじ機をかけられるから、部屋全体がきれいになるよ。

★2 パワー

パワーが必要なとき、オノマトペを使うと、より力を引きだすことができる。パワー系のオノマトペは、声をだすことによって、今までにない大きな力を引きだす効果があるんだ。「あと少し力があったら」というときは、オノマトペをさけんでみよう。

◀こんなときに使える▶

ビンのフタがかたくてなかなか開かないとき、「グーッ」と声にだしながら力をこめると、開きやすくなるよ。声をだすと、おなかに力が入って、大きな力がでるんだ。

◀ほかにもこんな パワー系オノマトペ▶

トイレそうじをしていて、がんこなよごれが落ちないときは、「ゴシゴシ」のオノマトペを使おう。声に合わせてブラシを動かすことがポイント！

★3 リズム

心地よいリズムが加わると、自然に動くことができる。気持ちのよい音楽が流れてくると、つい体が動いてしまうのと同じだね。どう動いたらいいのか迷ったら、リズム系のオノマトペが力を発揮するよ。

◀ こんなときに使える ▶

シャツをたたむとき、たたみ方がむずかしく、なやんでしまうことあるかな？ そんなときは「パタッパタッパタッ」のオノマトペを声にだそう。よけいなことは考えず、リズムに合わせて手を動かせるよ。

▼ ほかにもこんな リズム系オノマトペ ▼

キュウリの輪切りをするときは、「トントントントン」のリズムを口ずさみながら包丁を動かそう。厚さがそろったきれいな輪切りに仕上がるよ。

⭐4 スピード

はやく作業を終わらせたいときは、スピード系のオノマトペを使ってみよう。「サ」「ス」「シュ」などの音が、体をスムーズに動かしたいときに効果を発揮する。自分に合ったはやさで声をだそう。声に合わせて動きがはやくなるよ。

サッサッサッ

▶こんなときに使える◀

パラパラのチャーハンをつくりたいとき、すばやく、細かくいためることが、おいしく仕上げるコツ。そんなときは、「サッサッサッ」と声にだそう。「サ」の音が、すばやく動くことを助けてくれる。

▶ほかにもこんなスピード系オノマトペ◀

ジャガイモの皮をむくときは、「スッスッスッスッ」がおすすめ。でこぼこの多いジャガイモは、スムーズに包丁を動かすと、細かくなめらかに皮がむけるよ。

パート3 オノマトペの効果と種類を知ろう

★5 やる気アップ・不安解消

やる気を高め、不安を解消するときもオノマトペを使おう。さけぶことで、不安な気持ちが一気にふきとび、背筋ものびて、前向きな気持ちになる。「がんばろう！」「だいじょうぶ！」と自分に言ったり、「やる気をだせ！」「不安をふきとばせ！」と言われるより、「ダーッ」とひと声さけぶほうが効果があるよ。

ダーッ

◀こんなときに使える▶

ダラダラとしてしまう、やる気がでない、そんなときには、「ダーッ」とさけんでみよう。「ダーッ」という声といっしょに、なまける気持ちや不安がふきとんで、一気にやる気がアップする。

▶ほかにもこんなやる気アップ・不安解消系オノマトペ◀

むずかしいことにチャレンジするとき、「失敗しないかな」と不安になったら、「シャーッ」のオノマトペを使ってみよう。やる気と自信が一気に高まる。

⭐6 リラックス

リラックス系のオノマトペは、体の力を抜いて、気持ちを落ち着かせる効果がある。体が緊張していると、動きがぎこちなくなるんだ。そんなときは、リラックス系のオノマトペで一度落ち着こう。

◀ こんなときに使える ▶

リラックスするためのオノマトペは「フーッ」。お風呂に入ったとき、つい「フーッ」と声がでることはないかな？声といっしょに力が抜けてリラックスできるよね。

▼ ほかにもこんな リラックス系オノマトペ ▶

アイロンをかけるときの「ニーッ」もリラックス系のオノマトペ。「ニ」で口の両端があがって、楽しい気分で作業ができる。

⭐7 リセット

気持ちをリセットしたいときにも、オノマトペを使ってみよう。失敗して気持ちが落ちこんでしまったときや、いやなことがあったときなどは、「スパッ」の声でマイナスな気持ちを一気に切り捨てるんだ。気持ちを切りかえられずになやんでいる人に言ってあげても効果があるよ。

◀ こんなときに使える ▶

針穴に糸をとおしたいんだけど、何度やってもうまくいかないときは「スパッ」と声にだしてみよう。失敗のイメージがふきとんで、新たな気持ちでチャレンジできるよ。

▼ ほかにもこんな リセット系オノマトペ ▼

頭の中のモヤモヤがいつまでものこっているときには、「ポポイのポーイ」と言ってみよう。「ポーイ」のときに両手をあげて、モヤモヤを外に放り投げる動きをすると、より高い効果があるよ。

⭐8 タイミング

動きのタイミングをとりたいときにも、オノマトペは効果を発揮する。動き方のイメージができていても、タイミングが合わないと失敗してしまうことがある。どのくらいのばすか、どこで止めるか、いつ動きだすかなど、動きをもっともよく調整するのがタイミングのオノマトペだよ。

◀こんなときに使える▶

ホットケーキをひっくり返すとき、「ポーン」と声に合わせてひっくり返そう。タイミングがバッチリとれて、うまくひっくり返せるよ。

◀ほかにもこんなタイミング系オノマトペ▶

並ぬいをするとき、「スーッ」と言いながら針を動かして糸を引っぱろう。糸を引っぱりすぎることなく、ちょうどいいタイミングで動く長さをコントロールできるよ。

⭐9 フォーム

フォームというのは、正しい動きをするのに必要な基本の姿勢。フォームが整っていると、よけいなところに力が入らず、バランスもとれて、何度も同じ動きをくり返すことができる。オノマトペを使うと動きが安定するよ。

◀ こんなときに使える ▶

生卵を割るとき、「キュッ」のオノマトペで卵を持とう。力を入れすぎず、また卵をすべらすほどゆるすぎず、ちょうどよく卵を持つことができるよ。

◀ ほかにもこんなフォーム系オノマトペ ▶

料理で包丁を使うときにもフォームのオノマトペが使える。食材をおさえる手は、「クッ」で軽く指を曲げた形にしよう。

キュッ

⭐10 集中力アップ

集中力がないときにも、オノマトペが力を発揮するよ。よけいなことを考えていたり、気持ちがのらなかったりすると、なかなか集中できないよね。そんなときに集中力アップのオノマトペを声にだすと、自然と気持ちが一点に集まり、集中力が高まるんだ。

▶こんなときに使える▶

集中したいときに、指先を「ジー」と言いながら見つめよう。不安や心配ごとなどよけいな気持ちがなくなって、集中力がアップするよ。「ジー」と発声している間は、よけいなことを考えずにすむんだ。

▶ほかにもこんな 集中力アップ系オノマトペ▶

もののサイズをはかりたいときに、「サーッ」と声にだしてメジャーをのばそう。はかるという動きに気持ちが向いて、はやく正確にはかることができるよ。

ジーー

パート3 オノマトペの効果と種類を知ろう

パート4 オノマトペを使いこなそう

くらしのオノマトペ おぼえておきたい4つのポイント

生活の中へじょうずにオノマトペを取り入れるために、4つのポイントをおぼえておこう。ポイントをおさえることで、場面に合ったオノマトペを使いこなせるようになる！

ポイント1 声の種類

日本語には、「せい音」「だく音」「半だく音」などがある。オノマトペは、基本となるせい音にだく音や半だく音を組み合わせてつくるんだ。

せい音 サ、ス、シュ

「サ」「ス」「シュ」などの声は、スピード感やすばやい動きの印象がある。お皿を片付けるときに「サッ」と言ってお皿を持ち立ちあがると、すばやく動きだすことができる。そのほか、チャーハンをパラパラにいためるときに、「サッサッサッ」と言うことですばやくフライパンをふれ、パラパラのチャーハンがつくれる。

オノマトペのもつ魔法の力を引きだすためのポイントを紹介するよ。
声の種類や声のだし方をおぼえよう。

だく音 ガ、グ、ザ、ズ、ダ

せい音に「゛」がついた音がだく音。「ガ」「グ」「ザ」「ズ」「ダ」などのにごった音のことだよ。だく音は力の強弱をつけたり、大きな力をだしたりする印象がある。タマネギのみじん切りをするときに使うのが「ザクザク」。だく音「ザ」の効果で、タマネギを切る包丁に力をこめて動かすことができるんだ。

半だく音 　パ、ポ

ポイ

せい音に「゜」がついた音が半だく音。「パ」「ポ」などが半だく音だよ。半だく音には、明るくはじけるような印象がある。いやなことを忘れて、楽しみたいとき、「パーッと行こうよ！」と遊びにさそわれると、「そうだな」と楽しい気持ちになるよね。「パ」の半だく音が明るい印象をあたえるんだ。そのほかにも、ごみを捨てるときに「ポイ」と言うと前向きな気持ちになるよ。

母音　ア、オ、イ、ウ

パーッ　ア　オ

母音「ア」「オ」のつく声は、パワーやエネルギーが外側へ向かう。たとえば、スポーツの試合で気持ちを高めるとき、選手によっては「シャーッ」とさけんだりしている。毎日の生活の中でも、カーテンを開けるとき、「パーッ」と言いながら開けると、カーテンを外に向けて開ける力がでるとともに、気持ちも明るくなるよ。

グーッ

イ　ウ

母音「イ」「ウ」のつく声は、パワーやエネルギーが内側へ向かう。おなかに力が入って体が安定するんだ。たとえばトイレでおなかに力を入れていきむときは「ウーン」と言うよね。なかなか開かないビンのフタを開けたいときは、「グーッ」と言いながらフタを開けよう。「グ」の母音「ウ」で内側に向けて力がでて、フタを開けることができるんだ。

パート4　オノマトペを使いこなそう

そのほか　ン、ッ、ー

クルン

ン

「ン」の音は、動きを最後までやりきる効果がある。オムレツをひっくり返すとき、「クルン」と言いながらおこなうと、オムレツがフライパンに着地するまで、動きと気持ちが続き、最後までていねいにフライパンを動かせるよ。

ッ

そく音「ッ」は動作のすばやさを強調したり、動きにメリハリをつけたりする。朝、目ざましを止めるときは、「サッ」と言ってみよう。すばやく動いて、しっかり目ざまし時計を止めて、すっきり起きられるよ。

ー

長音「ー」は音をのばしている長さの分だけ、動きや力を持続させる効果がある。アイロンをかけるとき、「スーッ」と言うと、まっすぐにアイロンを動かすことができる。

パート4 オノマトペを使いこなそう　37

ポイント2 声の高さ・長さ・強さ

同じ声を使う場合でも、声の高さ・長さ・強さをかえることで、その効果はかわってくる。「グーッ↑」と「グーッ↓」では印象がちがうし、「スッ」と「スーッ」では使い方がことなる。声の3要素である「高さ」「長さ」「強さ」の特徴を見てみよう。

高さ

声をだすときに重要な「高さ」。いつもより少し高めの声をだすと、オノマトペの効果がより大きくなる。たとえば力をだしたい瞬間に、高い声をだしてみよう。ただし、高すぎてもダメ。裏声になると逆効果なので注意しよう。

長さ

長音「ー」の長さをかえると、動きを続ける長さや力加減を調整できる。たとえばそうじ機をかけるとき、範囲やよごれ具合によってオノマトペをかえてみよう。リビングの床や廊下など広い場所は「スーッ」とのばし、まっすぐにそうじ機を動かし続ける。部屋のすみなどせまいところをそうじするときは「スッスッスッ」と小きざみにそうじ機を動かす。きれいにゴミが吸い取れるよ。

強さ

オノマトペを強く言うと、動きも力強くなる。ぞうきんを洗うときに使うオノマトペは「ゴシゴシ」。だく音「ゴ」を使ったパワー系のオノマトペだ。がんこなよごれを落としたいときは、この「ゴ」を強めに「ゴシゴシ」と言ってみよう。より力強い動きにつながるよ。

パート4 オノマトペを使いこなそう

ポイント3 姿勢

オノマトペを声にだすとき、体がグニャッとしていたり、背筋が曲がったりしていると、なかなかよい声がでない。声がとおらないと、オノマトペの効果は半減してしまうんだ。姿勢にも注意して、オノマトペを使いこなそう。

ピーン

背筋をのばし、肩の力を抜いて、おなかに力を入れると、声がよくでるよ。「ピーン」のオノマトペで、まずは声のだしやすいよい姿勢を整えよう。「ピーン」で背筋をのばしたら、「フッ」と息をはいて肩をちょっと前にだそう。肩に入りすぎていた力が抜けて、リラックスした状態でよい姿勢が保てるよ。

ポイント4 呼吸

「声」は息をはくことによってだすもの。だから、声と呼吸はつながっているんだ。深い呼吸が気持ちを安定させてくれる。落ち着いた状態で声をだすことで、オノマトペの効果を引きだすことができるんだ。

「スーッ」と吸った息の2倍「ハーーッ」とはく。この呼吸をくり返すと、心を落ち着かせることができる。つまり「スーッハーーッ」の呼吸だ。呼吸は無声音といって、声をはっきりだすのではなく息をもらす音だ。心の中で「スーッハーーッ」のオノマトペをとなえることで、安定した深い呼吸ができるようになるよ。

フォロー集
うまくできないときにやってみよう

オノマトペを使っても、うまくいかないこともある。そんなときは、オノマトペの種類や使い方をかえてみよう。ちょっとした工夫で、失敗しらずのオノマトペマスターになれるよ。今すぐトライしてみよう。

1 気持ちを盛り上げよう

シャーッ

オノマトペの声をだしても失敗してしまうとき、一度気持ちをリセットするために「シャーッ」と声をだしてみよう。「シャーッ」は、やる気アップの効果があるよ。気分が上がればもうだいじょうぶ。もう一度、失敗したオノマトペにチャレンジだ。

❷ パワーの調整をしよう

コンコンコン
➔ ゴンゴンゴン

声にだすオノマトペの種類によって、力の加減ができる。失敗した原因に、パワーが関係するときには、ちがう種類のオノマトペに切りかえてみよう。たとえば、卵のからを割るときに「コンコンコン」で割れなかったなら、「ゴンゴンゴン」にしてみる。だく音にすることで、よりたくさんの力が加わり、たりなかったパワーをおぎなうことができる。

3 タイミングをはかろう

声をだすタイミングをまちがえると、正しいオノマトペを使っていても、成功しないことがある。失敗したときには、動きと声を合わせるように心がけてみよう。たとえば、ホットケーキをつくるとき、ひっくり返すタイミングで使う「ポーン」は、ひっくり返しはじめるときから返し終わるまで声をだす。ホットケーキの大きさによって「ポーン」としたり、「ポーーン」としたり、動きに合ったタイミングがとれるようにかえてみよう。

④ リズムを合わせよう

同じ動きでも、人によって合うはやさやリズムがある。キャベツの千切りをするときにも、「トントントントン」でうまくいく人もいれば、「トン　トン　トン　トン」のリズムがよい人も。いろいろなリズムをためしてみて、自分に一番しっくりくるオノマトペのリズムを使おう。

⑤ イメージと合わないオノマトペは使わない

オノマトペにはイメージも大切。たとえば、ビンのフタを「フニャ」と言いながら開けようとしても、力が入らない。「フニャ」は、強い力をだすオノマトペではないからだ。イメージに合わないオノマトペを使っても力は発揮されない。ビンのフタを開けるのにピッタリなオノマトペは、強い力をだせる「グーッ」だ。

6 気持ちをこめて声をだそう

気持ちと体はつながっている。声をだすときは、気持ちをこめよう。そうすると、脳の前頭葉という部分がよくはたらき、動きに集中できる。声をだすことで、動きだけでなく、心もコントロールできるようになる！　やる気と集中力をアップさせて、オノマトペを使いこなそう。

スッ スッ

オノマトペのひみつがわかったかな？　同じオノマトペでも使い方によって要素がかわることがあるよ。たとえば、「スッ」のオノマトペはそうじ機をかけるときはイメージの要素で、ジャガイモの皮をむくときはスピードの要素だね。ほかのオノマトペも同じだよ。イメージ、スピード、リズム、と決めつけないで動きにピッタリくる要素で使ってみてね。

2、3巻では、生活の中で実際に役立つオノマトペを紹介するよ。1巻でわかったことを思いうかべながら、くらしの中でオノマトペを使ってみよう。自分に合ったオノマトペが、きっと見つかるよ。

著者　藤野良孝（ふじの よしたか）

1977年生まれ。オノマトペ研究家・コメンテーター。博士（学術）。朝日大学准教授。早稲田大学国際情報通信研究センター招聘研究員、早稲田大学ことばの科学研究所研究員。調査・実験で発見したオノマトペの効果・利用法を、日々の暮らしの中でもっと役立ててほしいと願い、テレビ・ラジオ・新聞などのマスメディアで解説している。
著書、監修に『運動能力がアップする「声の魔法」』シリーズ（全3巻、くもん出版）、『スポーツオノマトペーなぜ一流選手は「声」を出すのか』（小学館）、『「一流」が使う魔法の言葉－スポーツオノマトペで毎日がワクワク！』、『子どもがグングン伸びる魔法の言葉』（ともに祥伝社）、『脳と体の動きが一変する秘密の「かけ声」』（青春出版社）、『まんまあーん』（講談社）がある。
ブログ：http://happy-vocalism.cocolog-nifty.com/

イラスト　TICTOC（ちくとく）

大阪モード学園卒業後、デザイン事務所に7年半在籍。幼児玩具メーカーの商品デザイン、ロゴ、パッケージなど、デザイン全般を手がける。2003年グラフィックデザイン、イラスト制作を中心に独立。近年は、イラストレーターとして保育・児童書、実用書などの媒体で活動している。『運動能力がアップする「声の魔法」』シリーズ（全3巻、くもん出版）など。

参考資料・参考文献
『新しい家庭5・6』（東京書籍）／『わたしたちの家庭科5・6』（開隆堂）／『図解・頭をバージョンアップする 潜在脳の活かし方（早わかりN文庫）』（篠原 菊紀/監修、永岡書店）／『勝ちにいくスポーツ心理学―心を強く鍛えるための15の「理論」と「実践法」（からだ読本シリーズ）』（高畑 好秀/著、山海堂）／『自律神経を整える 人生で一番役に立つ「言い方」』（小林 弘幸/著、幻冬舎）／『擬音語・擬態語4500 日本語オノマトペ辞典』（小野 正弘/著・編集、小学館）

CD56176

編集
ナイスク（http://www.naisg.com）
（松尾里央　高作真紀　岡田かおり　鈴木英里子）

装丁・本文フォーマット・デザイン・DTP
ごぼうデザイン事務所
（永瀬優子　大山真葵）

取材
山田幸子

DVD
ビジュアルツールコンサルティング
（秋山広光　林 紘子　猪俣昌也）

DVD撮影協力
秋山俊介　山口 茜

付属のDVDは、本書といっしょの場合にかぎり、図書館等での非営利無料の貸し出しに利用することができます。

**毎日の生活が楽しくなる「声の魔法」①
「声の魔法」を使ってみよう**

2017年1月27日　初版第1刷発行

著者　　藤野良孝
発行者　志村直人
発行所　株式会社くもん出版
　　　　〒108-8617　東京都港区高輪4-10-18　京急第1ビル13F
　　　　電話　03-6836-0301（代表）
　　　　　　　03-6836-0317（編集部直通）
　　　　　　　03-6836-0305（営業部直通）
　　　　ホームページアドレス　http://www.kumonshuppan.com/
印刷所　大日本印刷株式会社

NDC590・くもん出版・48P・28cm・2017年・ISBN978-4-7743-2583-5
©2017　Yoshitaka Fujino & TICTOC　Printed in Japan.
落丁・乱丁がありましたら、おとりかえいたします。
本書を無断で複写・複製・転載・翻訳することは、法律で認められた場合を除き禁じられています。
購入者以外の第三者による本書のいかなる電子複製も一切認められていませんのでご注意ください。